Verantwoordelijk leiderschap

Verantwoordelijk leiderschap

Duurzaam omgaan met organisaties en jezelf

Joseph Kessels
Rob van Bodegom

Houten 2010

© 2010 Bohn Stafleu van Loghum, onderdeel van Springer Media
Alle rechten voorbehouden. Niets uit deze uitgave mag worden verveelvoudigd, opgeslagen in een geautomatiseerd gegevensbestand, of openbaar gemaakt, in enige vorm of op enige wijze, hetzij elektronisch, mechanisch, door fotokopieën of opnamen, hetzij op enige andere manier, zonder voorafgaande schriftelijke toestemming van de uitgever.

Voor zover het maken van kopieën uit deze uitgave is toegestaan op grond van artikel 16b Auteurswet j° het Besluit van 20 juni 1974, Stb. 351, zoals gewijzigd bij Besluit van 23 augustus 1985, Stb. 471 en artikel 17 Auteurswet, dient men de daarvoor wettelijk verschuldigde vergoedingen te voldoen aan de Stichting Reprorecht (Postbus 3051, 2130 KB Hoofddorp). Voor het overnemen van (een) gedeelte(n) uit deze uitgave in bloemlezingen, readers en andere compilatiewerken (artikel 16 Auteurswet) dient men zich tot de uitgever te wenden.

Samensteller(s) en uitgever zijn zich volledig bewust van hun taak een betrouwbare uitgave te verzorgen. Niettemin kunnen zij geen aansprakelijkheid aanvaarden voor drukfouten en andere onjuistheden die eventueel in deze uitgave voorkomen.

ISBN 978 90 313 8757 1
NUR 801

Ontwerp omslag: Studio Bassa, Culemborg
Ontwerp binnenwerk: Studio Bassa, Culemborg
Automatische opmaak: Cross Media Solutions – Ten Brink, Alphen aan den Rijn

Bohn Stafleu van Loghum
Het Spoor 2
Postbus 246
3990 GA Houten

www.bsl.nl

Inhoud

	Voorwoord	9
1	**Nieuw leiderschap gevraagd**	11
	Wantrouwen	11
	Kennisintensief	12
	Sensitief	12
2	**Leiderschap begint bij zelfkennis**	14
	Sterke visie	14
	Gekke vragen	15
	Hofnar	16
	Geloof	16
3	**Denk wat meer als een journalist**	18
	Zorgen wegnemen	18
	Afgeleerde nieuwsgierigheid	19
	Oordeel uitstellen	19
	Journalistieke aanpak	20
4	**Flinke scheut Brin met een vleugje Jobs**	21
	Wereldverbeteraar	21
	Go for it	22
	Kwalitatieve piraterij	22
	Moeilijke weg	23
	Optimisme	23
5	**Van profit naar prosperity**	24
	Momentum	24
	Hoop werk	25
	Duurzaam ondernemen	25
	Innovatie en talent	26

6	**Inspirator Ricardo Semler**	28
	Le blues du businessman	28
	Zelfsturing	29
	Romantisch	29
	Eigenaar	30
7	**Het potentieel van 'ubuntu' leiders**	33
	Asian style	33
	Kennisintensief	34
	Gedistribueerd leiderschap	34
	Primus inter pares	35
8	**De onvrede van de young professional**	37
	Kloof	37
	Verschuilen	37
	Keuze	38
	Stille revolutie	39
9	**Lang leve Wintzen!**	40
	Bloempotten	40
	Waanzinnige drive	41
	Hoe doet ie dat?	42
10	**Eindigen als een zesje**	44
	Onderaan beginnen	44
	Pervers systeem	45
	Hogerop zoeken	45
	Eindigen als 'een zesje'	46
11	**Blijf eigenaar van je kennis**	48
	Hebzuchtige macho's	48
	Angelsaksisch vs. Rijnlands	49
	Kenniseigenaren	50
12	**For better or for worse? De paradox van een recessie**	52
	Soft of hard	52
	Oud of jong	53
	Blijven of vertrekken	54
	Onder- of bovenstroom	54

13	Social networks: conformeren in plaats van profileren	56
	Beatrix	56
	Bijenkorf	57
	Erbij horen	58
	Machtswisseling	59
	Literatuurtips	60
	Over de auteurs	61
	Joseph Kessels	61
	Rob van Bodegom	61

Voorwoord

Dertien inspirerende verhalen over verantwoordelijk leiderschap. Over leiders van organisaties maar vooral over leidinggeven aan jezelf. Aan je leven als privépersoon, manager en als collega. Trouw blijven aan je eigen persoon, aan je karakter en kwaliteiten, dat is de essentie. Jouw motieven en de zaken die je echt belangrijk vindt in het leven zijn – als het goed is – duurzaam en in feite van toepassing op elke situatie, privé én zakelijk. Pas wanneer je authentiek bent, je loyaal bent aan jezelf, blijf je op de lange termijn geloofwaardig, voor jezelf en dus ook voor anderen. En pas dan is een organisatie geloofwaardig, voor de buitenwereld en voor de eigen medewerkers. Een onmisbare voorwaarde voor succes, innovatie, groei en continuïteit.

Met dit praktische boekje willen we je inspireren om het beste uit jezelf te halen en zelfkennis op te bouwen. Het handelt over persoonlijke groei en de ontwikkeling van jezelf in werkverband. Over het geen genoegen willen nemen met middelmatigheid, waardoor 'eindigen als een zesje' op de loer ligt. Over een afkeer van sleur, uitgedoofde passie, kleurloos, risicomijdend gedrag en een opportunistische kortetermijnfocus. Over sensitiviteit voor wat er om je heen gebeurt, over de noodzaak om verantwoordelijkheid te nemen voor je omgeving, over 'ubuntu' en delen. Je medewerkers, collega's en klanten doen er echt toe; het zijn geen middelen om organisatiedoelen te bereiken.

Dit boekje is optimistisch, het kijkt naar het goede, bijzondere en inspirerende in mensen en hun werkomgeving. We zijn ervan overtuigd dat het beter, efficiënter en vooral ook fijner is om te focussen op wat personen en organisaties wèl kunnen, in plaats geforceerd te gaan sleutelen aan de tekortkomingen, aan het gladstrijken van de rafelrandjes, en gefrustreerd te zitten mokken over wat er niet in zit.

Kijk naar inspirators als Ricardo Semler, Sergey Brin en Eckart Wintzen. Kijk naar het sterk groeiende aantal zelfstandigen, dat we kunnen opvatten als een stille revolutie, een soort tegenreactie op het ondemocratische *corporate* organisatiedenken. Geniet van de toenemende aandacht voor duurzaamheid en 'prosperity'. Dan kun je niet anders dan een rotsvast geloof hebben in de positieve insteek. Wat ons betreft de vruchtbaarste weg, omdat dit respectvol is naar en met waardering voor de mensen die samen met je optrekken. Volg je passies, weet waar je talenten liggen, benut en koester ze. Show ze ongeneerd aan de buitenwereld waarvoor jij je verantwoordelijk voelt. Het werkt aanstekelijk en iedereen in je omgeving zal er blij en beter van worden. Jijzelf, organisaties, de maatschappij, de wereld. Dit klinkt hoogdravend, maar we houden het klein. Dit boekje begint immers bij jezelf, dichterbij konden we niet komen. En dat hoeft ook niet, meer is niet nodig. Begin bij jezelf en de rest gaat wellicht nog niet vanzelf, maar zeker een heel stuk makkelijker. Zo optimistisch durven we te zijn.

Joseph Kessels
Rob van Bodegom

1 Nieuw leiderschap gevraagd

Eigenlijk kan dit boekje niet. Jezelf persoonlijk ontwikkelen en leiderschap tonen, is vooral een kwestie van doen, van improviseren en ervaren. Het heeft weinig te maken met lezen, met het opvolgen van instructies, van kant-en-klare lijstjes. Het is trial-and-error. Zó leer je jezelf kennen en merk je proefondervindelijk waar je drives en talenten zitten. En ten slotte weet je zelfs hoe en waar deze optimaal tot hun recht komen. Op dat moment toon je, haast als vanzelf, leiderschap. Door te doen. Beschouw deze overwegingen daarom vooral als een uitnodiging tot actie; eentje die begint met lezen en naar jezelf kijken, dat wel. Actie is hard nodig, omdat het bedrijfsleven, de overheid, de zorg, het onderwijs en de samenleving vragen om jouw nieuwe leiderschap.

Wantrouwen

In organisaties heerst vaak een enorme angst om fouten te maken, om geconfronteerd te worden met kostbare en imagobeschadigende juridische procedures. Men gaat zich steeds meer indekken en schuift verantwoordelijkheden van zich af. Partnerships met externe partijen worden aangegaan met de intentie dat beide gebruik kunnen maken van elkaars expertise. Er zou sprake zijn van veel wederzijds begrip: samenwerking als bron van vernieuwing. De werkelijkheid is dat men de samenwerking aftrapt met een batterij advocaten aan beide zijden van de tafel. Dit creëert een sfeer van indekken en wantrouwen die het tegenovergestelde is van het klimaat waarin leidende, innovatieve visies ontstaan, waarin je kunt werken aan onderscheidende producten. Het gevoel voortdurend op je hoede te moeten zijn, is allesbehalve bevorderlijk voor een vrije gedachtestroom. De huidige leiders zijn uiterst voorzichtig en de omgeving oefent druk uit op handhaving van de status quo, terwijl het inslaan van een andere richting voor veel organisaties raadzaam of soms zelfs urgent is. Dat vraagt om leiders met een heldere toekomstvisie, waarin ruimte is voor vrije gedachten zonder angst. Leiders die niets opleggen, maar inspireren en uitnodigen tot nieuwe initiatieven.

Kennisintensief

Het is evident dat we toegaan naar een samenleving, een economie, die heel sterk gericht is op ontwikkeling en toepassing van kennis. Werk krijgt steeds meer het karakter van leren ten behoeve van kennisontwikkeling. Kennis die jou in staat stelt de dingen anders te doen. Anders dan wat de concurrent doet. Bedrijven en professionals mogen alleen nog maar meedoen als ze binnen hun domein innoveren. Bij voorkeur radicaal. Deze ontwikkeling speelt in de gehele samenleving en in vele, zo niet alle branches. Bijna elke organisatie wil zo veel mogelijk verkopen tegen zo hoog mogelijke prijzen en zo laag mogelijke kosten. Dat is eenzijdig en onverstandig. Zo creëren zij geen onderscheidend vermogen, is er geen oog voor samenwerking met en de expertise van andere partijen. De nieuwe leiders moeten een werkomgeving creëren die uitnodigt tot het ontwikkelen en delen van kennis. Hoe je dat moet doen, blijft lastig. De veilige weg is teruggrijpen op klassieke managementvormen waarin iemand zegt hoe het moet en dat iedereen daarin moet volgen. Een autoritaire management- of leiderschapsstijl, waarin het draait om positie, macht, aansturen, controleren en sanctioneren. Veel effectiever is het om te focussen op die domeinen waar iemand een sterke persoonlijke betrokkenheid bij heeft. Het persoonlijke doel moet iets te maken hebben met de inhoud van het werk, het moet betekenisvol zijn en je moet er invloed op kunnen uitoefenen. Leiderschap dat hiervan uitgaat, stimuleert kennisontwikkeling en daarmee het innovatieve vermogen.

Sensitief

Ook vraagt het bedrijfsleven – en de samenleving als geheel – om sensitieve leiders. Er wordt soms getwijfeld aan de communicatie- en leiderschapskwaliteiten van technueten. Of dat terecht is, blijft de vraag. Wat wel nodig is, zijn personen die in staat zijn tussen de regels door te lezen, die dingen opvangen die niet iedereen merkt of hoort. Feit is dat de technische en exacte sectoren werken met tastbare materie. Iets staat aan of uit, het is ja of nee. Er is geen tussenweg. De huidige leiders communiceren ook op deze wijze, terwijl menselijke communicatie bij uitstek diffuus, subtiel en tegenstrijdig is. Dat vraagt om leiders die een antenne hebben voor dergelijke zwakke, subtiele signalen. Personen die hier een soort mentaal gehoor voor hebben. Mits deze leiders de moed hebben hier ook iets mee te doen, zal dit leiden tot helderdere communicatie en daarmee tot een duidelijkere visie op de toekomst van een organisatie of een gehele sector. Onderdeel van deze sensitiviteit is gevoel hebben voor je omgeving, voor maatschappelijk verantwoord ondernemen en voor de drijfveren van jonge professionals die daar vorm aan kunnen geven. De lange termijn is te lang genegeerd, er is onvoldoende aandacht besteed aan de mogelijke belemmeringen voor toekomstige generaties. Dit vraagt om leiders die maatschappelijk verantwoord, transparant en duurzaam willen ondernemen.

Focus op die domeinen waar iemand een sterke persoonlijke betrokkenheid bij heeft. Het moet iets te maken hebben met de inhoud van het werk, het moet betekenisvol zijn en je moet er invloed op kunnen uitoefenen.

Leiderschap begint bij zelfkennis 2

De klassieke methode om leiderschapskwaliteiten te ontwikkelen, is het maken van een gap-analyse. Je zet de eigenschappen en vaardigheden van een persoon af tegen het profiel van een succesvol leiderstype. Dat levert geheid een rijtje aan tekortkomingen op. Dit is vervolgens het uitgangspunt voor het leertraject om de leidinggevende kwaliteiten verder te ontwikkelen en de tekortkomingen systematisch weg te poetsen. Maak je geen zorgen, het is hard werken, maar het lukt je wel. Zo luidt doorgaans de goedbedoelde aanmoediging. Helaas is een dergelijke aanpak eerder deprimerend dan bemoedigend. Het is de dood in de pot voor persoonlijke ontwikkeling en leiderschap. Veel beter is het de zaken om te draaien: kijk waar je goed in bent en ga dat verder ontwikkelen. Dat brengt leiderschap veel sneller dichtbij en bovendien op een aangenamere wijze.

Sterke visie

Wat maakt mij zo bijzonder? Wat kan ik beter dan anderen? Waar ben ik trots op? Jezelf deze vragen stellen is natuurlijk een veel prettigere exercitie dan voortdurend te moeten horen waarin je niet goed bent. Inzicht krijgen in waar het aan ontbreekt bij mensen, bijvoorbeeld door assessments, doet passie en initiatief verdwijnen. Maar zodra je een goed beeld hebt van waar je kracht ligt, dan kun je daar daadwerkelijk iets mee doen. Dan kun je verder groeien. Een voorwaarde voor het ontstaan van leiderschap is persoonlijke ontwikkeling; aan de basis daarvan ligt zelfkennis. Het ontdekken en erkennen van je eigen sterktes en talenten. Eén van de belangrijkste kenmerken van goed leiderschap is het hebben van een krachtige visie. Een duidelijk beeld van hoe het in de toekomst beter kan, welke richting een organisatie op moet, enzovoort. Visionair leiderschap ontstaat alleen als je je eigen talenten kent én gebruikt, wanneer je weet waar je passies en affiniteiten liggen. Op die domeinen neem je scherp waar, heb je sneller dan een ander door waar het om gaat, wat er toe doet. Heb je een goed beeld van de ontwikkeling van een bepaald terrein, dan zal het je nauwelijks moeite kosten om anderen hiervan te overtuigen, om hen zodanig te inspireren dat ze jouw visie helpen vormgeven.

Gekke vragen

Het blijkt voor velen lastig om zichzelf of elkaar de vraag te stellen wat iemands sterke punten zijn, laat staan hierop een antwoord te formuleren en dat actief uit te dragen. Als je je beroept op je kwaliteiten en talent, als je jezelf om bepaalde redenen goed noemt, dan ben je afwijkend. Je houdt je niet aan de angstvallig gekoesterde norm, dat gewoon doen al gek genoeg is. Mensen zijn bang dat je hen zult misbruiken als je je eigen kwaliteiten zo expliciet benoemt. Eerste stap is het overwinnen van de schroom deze vragen te stellen; schakel eventueel iemand in die je hierin aanmoedigt en er flink op doorgaat. Eigenlijk zou het binnen organisaties een gewoonte moeten worden elkaar dergelijke vragen te stellen. Ook bijzonder nuttig zijn vragen die inzoomen op de condities, de setting, waarin je je bevond toen je een sterke prestatie leverde. Velen zijn geneigd een opvallende prestatie aan het toeval toe te schrijven of te bagatelliseren. Feit is dat succesvolle leiders bewust die omstandigheden opzoeken, of zelfs creëren, waarin hun talenten optimaal tot hun recht komen. Hun gehele carrière staat in het teken hiervan. Een tijdje lesgeven is ook een zeer effectieve methode om jezelf beter te leren kennen; slimme vragen van studenten zetten je op scherp. Wat ook helpt, is projecten aanpakken waarvan je niet weet hoe ze zullen eindigen. Het vergt moed om in het diepe te springen, maar door het bewust opzoeken van de grenzen, leer je jezelf goed kennen. Of ga op zoek naar voor jou inspirerende figuren, kies een rolmodel uit en ga hem of haar interviewen. Kies bewust voor een persoon uit een volledig andere sector. Daarmee voorkom je dat je in de fuik van je eigen vakmanschap terechtkomt. Een andere sector is verrassender, wekt meer verwondering en houdt een mens alert. Deze inspirators weten vaak heel goed te verwoorden wat cruciaal was in hun eigen ontwikkeling, welke belangrijke beslissingen ze in hun leven genomen hebben en waarom. Dat inspireert en helpt je bij het beantwoorden van de vragen die je ook aan jezelf stelt. Om te voorkomen dat je in blinde adoratie vervalt, is het raadzaam die persoon aan dezelfde positief-kritische beschouwing te onderwerpen als die je voor jezelf hebt.

Hofnar

Het dramatische van succesvolle leiders is soms dat zij zo ontzettend overtuigd zijn van hun eigen talent en gelijk. Ze transformeren van inspirerende naar onuitstaanbare persoonlijkheden die hun gevoeligheid voor de signalen uit hun omgeving verliezen en geen enkele tegenspraak dulden. Succes kan een omgeving van zelfgenoegzaamheid creëren die op den duur schadelijk is voor visionair leiderschap. Waar de oude koningen gebruikmaakten van een hofnar, zetten we nu soms persoonlijke coaches in om een gezond tegengeluid te laten horen. Het is dus van belang jezelf altijd kritisch maar constructief te blijven bevragen. Zoek naar de hofnar in jezelf, maar zonder hem een té grote rol te geven want daardoor zou je te veel kunnen gaan relativeren.

Geloof

Wat nu als die zelfanalyse, ondanks de positieve insteek en de focus op sterke punten, ook oplevert dat je weinig zelfvertrouwen hebt, moeilijk beslissingen neemt en delegeren niet bepaald je passie is. Volgens de klassieke rijtjes zijn dat drie belangrijke eigenschappen voor een leider. Dan zou je kunnen denken dat je nooit een succesvol leider kunt worden. Dat is de juiste conclusie wanneer je dat zelf ook vindt. Als je van mening bent dat je leuke ideeën hebt, maar tegelijkertijd denkt dat je geen inspiratiebron voor anderen kunt zijn, dan heb je er vrede mee dat je die rol niet zult vervullen. Geloof in eigen wil en kunnen is allesbepalend. Met het erkennen en waarderen van je talenten komt het zelfvertrouwen vanzelf en daarmee het vermogen om beslissingen te nemen en te delegeren. Immers, je hebt een helder beeld van wat de juiste strategie is en het kost je geen moeite anderen daarvan te overtuigen.

Velen zijn geneigd een opvallende prestatie aan het toeval toe te schrijven of te bagatelliseren. Feit is dat succesvolle leiders bewust die omstandigheden opzoeken, of zelfs creëren, waarin hun talenten optimaal tot hun recht komen. Hun gehele carrière staat in het teken hiervan.

Denk wat meer als een journalist 3

Organisaties vragen om sensitief leiderschap. Leiders die een antenne hebben voor de zwakke signalen die hun omgeving afgeeft. Dat is vooral belangrijk in technische, industriële sectoren waar gewerkt wordt met tastbare materie. Iets werkt wel of niet. Er is geen tussenweg. Terwijl menselijke communicatie bij uitstek diffuus en subtiel is. Sensitieve leiders weten hiermee om te gaan. Ontwikkel je eigen sensitieve vermogen en merk dat het je strategisch denkvermogen stimuleert en je er mensen mee kunt enthousiasmeren. Uiteindelijk helpt het je bij het waarmaken van je eigen ambities. Innovatieve ideeën en visie ontstaan niet vanuit het niets, ze ontstaan doordat je écht luistert naar je omgeving. Tip: ga wat meer denken als een journalist.

Zorgen wegnemen

Het vermogen om een koers voor de toekomst aan te geven, is één van de kenmerkende eigenschappen van leiders. Zij kunnen met enkele krachtige statements motiveren waarom een organisatie voor een bepaalde koers moet kiezen. Dat vereist een gevoelige antenne. Dan is de toekomstvisie gebaseerd op de werkelijkheid en niet op een wilde fantasie die tot toekomstvisie gebombardeerd is. Zij komt voort uit omgevingssignalen die op een slimme manier bij elkaar zijn gebracht. De personen in de omgeving zullen bovendien snel overtuigd zijn van deze visie aangezien deze hun gevoelens verwoordt. De visie is een erkenning van hun zorgen en opvattingen over de toekomst. En tegelijkertijd de oplossing.

Afgeleerde nieuwsgierigheid

Je kunt jezelf trainen in het opvangen van deze, vaak zeer subtiele, omgevingssignalen. Het is van belang om te achterhalen wat er leeft in een organisatie. Dat is vaak hard nodig omdat veel mensen in de loop van hun leven hebben afgeleerd nieuwsgierig te zijn. Dat is een ongemerkt, sluipend proces. Idealen en nieuwsgierigheid ebben langzaam weg doordat allerlei andere, ogenschijnlijk belangrijker, zaken prioriteit krijgen. Mensen veranderen dan te snel in gehoorzame volgers. Ze hebben zich aangepast en onderworpen aan het systeem om daarin te kunnen 'overleven' en verliezen hun oorspronkelijke ideaal uit het oog. Pas zodra je je met zaken bezighoudt waarvoor je een persoonlijke overtuiging voelt, kun je je sensitieve vermogen ontwikkelen. Over zaken waar je betrokkenheid bij voelt, merk je automatisch veel meer op. Je bent nieuwsgieriger en gevoeliger voor de dingen in je omgeving die er betrekking op hebben, en voor de mensen om je heen die er iets over melden.

Oordeel uitstellen

Krachtige leiders zijn hun passie nooit kwijtgeraakt, vangen daardoor veel meer signalen op en weten die te gebruiken ten gunste van hun eigen doel en ambitie. Keerzijde is het ontstaan van een tunnelvisie: alleen nog maar die zaken oppikken die in je eigen straatje passen. Op dat moment creëert iemand een zielige karikatuur van zichzelf. Oppassen dus. Dit is te voorkomen door, zodra je iets hoort of ziet, niet direct te (ver)oordelen. Wanneer iemand je iets vertelt, kies dan voor de constructieve aanpak. Zeg bijvoorbeeld: 'Boeiende gedachte, kun je die niet wat verder uitwerken?' Deze positieve insteek moedigt anderen aan verder te praten. De negatieve aanpak werkt omgekeerd, mensen klappen dicht. Dat is een groot risico aangezien we van nature (onbewust) geneigd zijn direct te reageren vanuit eerdere ervaringen en vooroordelen. Als je jezelf traint je hiervan bewust te worden en je oordeel uit te stellen, maak je jezelf geliefder en krijg je meer te horen. Informatie die jou kan helpen je visie vorm te geven en die gebaseerd is op datgene waar echt behoefte aan is. Overigens kan het best zo zijn dat deze constructieve aanpak voortkomt uit opportunisme, uit de (egocentrische) ambitie om je eigen strategie te realiseren. Dat is niet per se kwalijk. Feit blijft dat je met een gevoelige antenne meer opvangt en dat je daar op verschillende manieren van kunt profiteren.

Journalistieke aanpak

Flink doorvragen maakt je omgevingsantenne ook gevoeliger. Informeer vooral wáárom mensen iets zeggen, welke gedachten ze erbij hebben. Probeer uit te vinden wat iemand écht bedoelt met een uitspraak. Daar zit vaak een complete wereld achter. Krijg je daar toegang toe, dan kan dat zeer verrassende inzichten opleveren. Bovendien kun je met doorvragen je gesprekspartners subtiel bewegen in de richting waar jij het over wilt hebben. Denk aan vasthoudende journalisten. Zij laten pas los zodra ze een echt, bevredigend antwoord hebben. Het aardige is dat de geïnterviewde zich hier vaak toe laat verleiden omdat hij het als geïnteresseerde aandacht interpreteert. Een slimme journalist is voortdurend bezig om de subtiele signalen die hij van een ander krijgt te benoemen en daarop door te gaan. Kijk naar Pauw & Witteman. Of denk aan Ischa Meijer, die als geen ander in de huid van zijn gast kon kruipen omdat hij wilde (of beweerde te willen) weten wat er écht in iemand omgaat.

Innovatieve ideeën en visie ontstaan niet vanuit het niets. Ze ontstaan doordat je écht luistert naar je omgeving. Tip: ga wat meer denken als een journalist.

4 Flinke scheut Brin met een vleugje Jobs

Stel dat Sergey Brin, oprichter van Google, gewerkt zou hebben in een ander bedrijf en een geheel andere sector. Wat zou dat – if any – voor effect hebben gehad? Zouden dit bedrijf en wellicht zelfs de gehele sector dezelfde eclatante successen hebben behaald als Google? Laten we het eens toepassen op de bouwsector. Wat gebeurt er wanneer Brin of een andere visionair zijn werk- en levensfilosofie toepast op deze sector, die in een zware impasse verkeert. Of hoe zou het de bouw vergaan met Steve Jobs aan het hoofd? Of Tony Blair? Losjes filosoferend betrekken we enkele quotes van deze leiders op de bouwsector. Hun opvattingen inspireren en zijn behulpzaam bij het vergroten van je zelfkennis. Belangrijk, aangezien leiderschap nu eenmaal begint bij zelfkennis.

Wereldverbeteraar

'*Obviously everyone wants to be successful, but I want to be looked back on as being very innovative, very trusted and ethical and ultimately making a big difference in the world. I hope we're going to continue to use technology to make really big differences in how people live and work,*' aldus Sergey Brin. Hij ontketende met Google een ware revolutie, hij veranderde daadwerkelijk het leven van mensen en laat de wereld echt iets na. Zou Brin dit ook hebben bereikt wanneer hij niet zo groots en verheven durft te denken? Waarschijnlijk niet. Hij durft te zeggen dat hij echt een verschil wil maken en maakt dat ook waar. Hij gaat voor duurzaamheid en koppelt innovatie aan ethiek, Brin is te vertrouwen. Hij zou in de bouw sterk focussen op de kwaliteit van de woon- en werkomgeving, hij zou werken aan vernieuwende bouwconcepten en technologieën die de wijze waarop mensen en organisaties gehuisvest zijn fundamenteel veranderen. Hij is in staat de bouwwereld te veranderen omdat hij zich loyaal toont aan zijn eigen persoonlijke, enigszins nobele, missie. Daar ligt de basis voor echte vernieuwing.

Go for it

Hoe anders is dit bij Donald Trump, die zegt: '*If you really want to succeed, you'll have to go for it every day like I do. The big time isn't for slackers. Keep up your mental stamina and remain curious. I think that bored people are unintelligent people.*' Bij Trump ontbreekt een inhoudelijke visie, hij heeft het vooral over hard werken, de competitie aangaan en nieuwsgierig zijn. Voormalig Amerikaanse president Thomas Jefferson zei het ook: '*I find the harder I work, the more luck I seem to have.*' Oké, hard werken leidt absoluut tot resultaat, dat heeft Trump wel bewezen. Maar de vraag is of het ook tot een revolutionair resultaat leidt. Laat Trump de bouwwereld straks iets vernieuwends na? Is de (ge)bouwde) wereld verbeterd?

Kwalitatieve piraterij

'*It's better to be a pirate than to join the Navy,*' adviseert Apple-topman Steve Jobs. Ga voor het avontuur, volg niet de heersende conventies. Doe ongewone dingen en ga je eigen weg. Dat doet Brin ook, maar voor Jobs lijk je meer op je hoede te moeten zijn. Hij heeft het niet over de wereld verbeteren. Toneelschrijver George Bernard Shaw heeft een vergelijkbare visie als Jobs. ' *The reasonable man adapts himself to the world. The unreasonable man persists in trying to adapt the world to himself. Therefore all progress, depends on the unreasonable man.*' Als de bouwsector zich niet meer zou aanpassen aan de wereld, zou er een spannender gebouwde omgeving ontstaan. Het merendeel van de nieuwbouwwoningen bestaat nog altijd uit dozen met een schuin dak omdat de wereld dat nu eenmaal verwacht. Ook de opmars van retrostijlen duidt op een voortdurend aanpassen aan de heersende smaak. Jobs en Shaw aan het hoofd van de bouwsector zou absoluut leiden tot avontuurlijkere, maar ook onvoorspelbaarderdere, projecten. Dit minpunt lijkt Jobs te willen voorkomen door tegelijkertijd te focussen op kwaliteit. '*Be a yardstick of quality. Some people aren't used to an environment where excellence is expected.*' Kortom, alleen het beste is goed genoeg voor de bouw.

Moeilijke weg

Excelleren betekent ook 'nee' zeggen tegen zaken die dit niveau niet halen. Tony Blair stelt: 'The art of leadership is saying no, not yes. It is very easy to say yes. Sometimes it's better to lose and do the right thing, than to win and do the wrong thing.' Ook Jobs zegt iets vergelijkbaars: 'It comes from saying no to 1,000 things to make sure we don't get on the wrong track or try to do too much.' Het is dus zaak niet voor de makkelijkste weg te kiezen. Maak een keuze tussen wat er wel en niet toe doet. Laat je niet verleiden door het voor de hand liggende. Het zou mooi zijn als bouwopdrachtgevers vaker 'nee' zouden hebben gezegd tegen de goedkoopste aanbieder en vaker 'ja' tegen mooi, deugdelijk en spannend. Blair en Jobs zouden het hebben gedaan. Alleen daar voelen zij zich goed bij. Kortom: blijf vasthouden aan je eigen route en ga problemen te lijf in plaats van ze uit de weg te gaan. Om met Rudy Giuliani (voormalig burgemeester van New York) te spreken: 'When you confront a problem, you begin to solve it.' Dat is heilzamer dan de wijze waarop nu in de bouw problemen worden aangepakt. Nu zitten eerst de advocaten van alle betrokken partijen rond de tafel om verantwoordelijkheden en aansprakelijkheden te regelen. Zij denken problemen alleen maar te kunnen 'oplossen' door zich vooraf in te dekken. Giuliani zou deze indekcultuur hebben doorbroken.

Optimisme

De bouwsector zou in een impasse zitten, het negatieve imago als gevolg van de bouwfraude blijkt hardnekkig. Innovaties in de behoudende bouw komen maar moeizaam op gang. Cheer up! Er komen altijd betere tijden, zou Giuliani zeggen: 'Leaders need to be optimists. Their vision is beyond the present.' Dat vindt Richard Branson (Virgin) ook: 'Business opportunities are like buses, there is always another one coming.' Kortom, deze heren zouden zorgen voor een positieve wind in de bouwsector. Zorg voor grenzeloos optimisme, ook in moeilijker tijden. En besef dat het juist leuk is om om te gaan met lastige vraagstukken. 'It's kind of fun to do the impossible,' zei Walt Disney.

'It comes from saying no to 1,000 things to make sure we don't get on the wrong track or try to do too much.'
(Steve Jobs)

Van profit naar prosperity

Veertig jaar geleden ontstond de Club van Rome. Twintig jaar terug verscheen het Brundtland-rapport over *sustainability* (duurzaamheid). De tijden dat MBA's het zich konden permitteren zogenaamde 'spreadsheet'-opleidingen te zijn, met voornamelijk oog voor financiële resultaten op de korte termijn, zijn voorbij. Elke businessschool moet zich inzetten voor de professionalisering van leiderschap en ondernemerschap ten gunste van innovaties in duurzame ontwikkeling. We gaan van profit naar prosperity.

Momentum

Een cynicus zou zeggen dat we geen klap zijn opgeschoten sinds het rapport van de Club van Rome veertig (!) jaar geleden. Toch is het waar als we zeggen dat er nu opeens fundamentele stappen worden gezet. Het is voor het eerst dat wetenschappers zich openlijk uitspreken dat moeilijk terug te draaien klimaatveranderingen onze leefomgeving bedreigen. Al Gore maakte zijn wereldwijd impactvolle Oscar-winnende documentaire 'An Inconvenient Truth'. De gewone man staat tijdens de wintersport met zijn ski's in het groene gras. Nederland had enkele jaren geen winter. Dit alles bij elkaar leidt ertoe dat duurzaamheid opeens een 'hot' issue is; de gevolgen van het 'grote negeren' ondervindt men inmiddels aan den lijve. Topondernemers stuurden een brandbrief aan de regering waarin staat dat het echt tijd wordt om te werken aan duurzame ontwikkeling. Het momentum voor maatschappelijk verantwoord en duurzaam ondernemen en voor sociale innovatie is nu sterker dan ooit tevoren.

Hoop werk

Bestuurders die vanuit persoonlijke gedrevenheid en overtuiging zich voor duurzame ontwikkeling inzetten, hoef je misschien niet veel meer te vertellen over hoe zij duurzaamheid kunnen realiseren. Dat geldt waarschijnlijk ook in enige mate voor bestuurders die maatschappelijk verantwoord ondernemen (MVO) vanuit reputatieoverwegingen op de *corporate* agenda zetten. Maar er zijn talloze organisaties, zoals in het Midden- en Kleinbedrijf, die het milieu weliswaar een warm hart toedragen, maar niet goed weten hoe ze echt iets aan duurzame ontwikkeling kunnen doen. Ze zijn best in staat een spaarlamp in te draaien, maar er is geen sterke verbinding tussen het denken over de bedrijfsvoering en duurzaamheid. In dat opzicht is er nog een hoop missiewerk te doen.

Duurzaam ondernemen

Veel bedrijven staan grofweg voor de keuze om een product of dienst zo goedkoop mogelijk te realiseren, of om in onderlinge samenwerking met alle betrokken partijen (leveranciers, afnemers, enz.) te kijken hoe een hoge kwaliteit kan worden gerealiseerd. Maar ook hoe de gebruiks- en belevingswaarde te maximaliseren zijn. Duurzaam ondernemen draait om het gebruik van passende (duurzame) materialen, van producten die niet of minder schadelijk zijn voor het milieu. Het gaat om kritische keuzes in waar de producten, grondstoffen en arbeid vandaan komen. En dus ook: hoe gaan leveranciers (en hun vestigingslanden) om met *planet* en *people*? Immers, duurzame ontwikkeling heeft niet alleen oog voor onze planeet maar net zo goed voor haar bewoners. Duurzaam ondernemen betekent op een zodanige manier ondernemen dat we aan de huidige behoeften voldoen zonder dat we de mogelijkheden van andere volken, landen en toekomstige generaties verminderen of belemmeren. Daar spreekt een grote mate van verantwoordelijkheid uit; in dat opzicht vallen maatschappelijk verantwoord ondernemen en duurzame ontwikkeling praktisch samen. Per saldo heeft duurzaamheid alles te maken met jezelf continu kritische vragen stellen over je eigen handelen en anderen aanspreken op hun handelwijze. Organisaties moeten zich niet alleen afvragen of ze dingen wel goed doen, maar ook of ze wel de goede dingen doen. Dat leidt tot *prosperity*-denken, dat steeds meer in de plaats komt van *profit*-denken. *Prosperity* staat voor welvaart, voor beslissingen die rekening houden met de lange termijn. Het is *social capital* in plaats van *financial capital*. Maar geen reden tot ongerustheid: *prosperity* zal leiden tot *profit*, op de lange termijn. En niet alleen voor *shareholders*, maar voor alle *stakeholders*.

Innovatie en talent

En zo heeft duurzame ontwikkeling nog meer mooie aspecten. Van ideologische, maar ook van pragmatische aard. De moeizame zoektocht binnen organisaties naar innovatie krijgt een enorme impuls zodra deze deze organisaties werk gaan maken van duurzame ontwikkeling. Wanneer beseft wordt dat doorgaan op de oude voet geen optie meer is. Het streven naar duurzaamheid leidt tot de noodzaak de dingen echt anders te gaan doen, zowel in technologisch, organisatorisch als in sociaal opzicht. Het prikkelt de creativiteit en is een krachtige aanjager voor innovatie. Een ander aspect van duurzame ontwikkeling is dat het talent aantrekt. De nieuwe generatie *young professionals* en *high potentials* kiest bedrijven en instellingen uit op hun mate van maatschappelijke verantwoordelijkheid. Zij willen hun talent alleen ten goede laten komen aan bedrijven die, net als zij, ook streven naar duurzame ontwikkeling. De Angelsaksische bedrijven met hun *war for talent* en hun eenzijdige focus op beurswaarde creëren, blazen tegelijkertijd een intellectuele zeepbel. De bedrijven gericht op *prosperity* zullen de strijd om het talent winnen. En niet alleen deze strijd, als je hecht aan oorlogstaal.

Leestip
Jeremy Rifkin (2004), *The European Dream: How Europe's Vision on the Future is Quietly Eclipsing the American Dream*. Rifkin is president van The Foundation on Economic Trends (www.foet.org). In dit boek stelt hij onder meer dat Europa veel beter voorbereid is op de uitdaging van een geglobaliseerde – en duurzame – wereld dan de Verenigde Staten.

Organisaties moeten zich niet alleen afvragen of ze dingen wel goed doen, maar ook of ze wel de goede dingen doen. Dat leidt tot prosperity-denken, dat steeds meer in de plaats komt van profit-denken.

Inspirator Ricardo Semler 6

Hij staat aan het hoofd van Semco, een Braziliaanse organisatie met circa 1 miljard omzet en 5000 werknemers. Het bedrijf overleefde menig economische crisis. Ricardo Semler (1959) introduceerde democratisch management. Hij schreef bestsellers als Maverick! en The Seven-Day Weekend. Semler is uitgegroeid tot een ware managementgoeroe voor mensen van over de gehele wereld. In hoofdstuk 2 las je dat leiderschap begint bij zelfkennis; zelfkennis kan gegenereerd worden door jezelf te verdiepen in de opvattingen en werkwijze van een voor jou inspirerende persoonlijkheid. Nu is het de beurt aan inspirator Semler.

Le blues du businessman

Er zijn vooral twee zaken die Semler zo fascinerend maken. Ten eerste dat Semler vroeg tot het inzicht kwam, toen hij door te hard werken overspannen dreigde te raken, dat dit niet de bedoeling kon zijn van het leven. Semler kampte met 'Le blues du businessman'; vrij vertaald uit de Franse opera Starmania: 'Ik heb de helft van mijn leven in de lucht doorgebracht tussen New York en Singapore, ik reis altijd eerste klas, ik heb mijn tweede huis in alle Hiltons van de wereld. Maar ik zou graag kunstenaar willen zijn om te kunnen zeggen waarom ik besta.' Vanaf dat moment gooide hij het roer radicaal om. Dat betekent niet dat hij afstand nam van het zakenleven en is gaan mediteren op een Nepalese berg. Nee, bij Semler leidde dat tot een radicaal andere en uiterst heldere visie op ondernemer- en werkgeverschap. De zogenoemde democratische organisatie was geboren, het andere fascinerende aspect aan Semler. Eén van de kenmerken daarvan is dat je iedere keer opnieuw stilstaat bij wat je als organisatie produceert en wat daar feitelijk voor nodig is. Al het overige, dat overbodig is en (dus) afleidt, haal je weg. Dat heeft er bijvoorbeeld toe geleid dat er nauwelijks administratieve systemen zijn, geen secretaresses en geen eigen werkplekken. Iedere werknemer heeft inspraak (participatief management) en kan zelfs zijn eigen salaris bepalen.

Zelfsturing

Het is enorm knap dat Semler het voor elkaar kreeg om een (grote) organisatie niet langer vanuit een machtspositie te leiden. Mensen worden door hem niet 'gedwongen' dingen te doen waar zij niet achter staan. Semler huldigt het principe dat werknemers moeten doen wat bij hen past en dat zij hun talenten kunnen inzetten. Je kunt alleen echt goed zijn in iets waar je een persoonlijke passie voor hebt. Overigens neigt dit naar egocentrisme; immers, je kijkt vooral naar jezelf en naar je eigen kracht. Semler compenseert dit met één van zijn andere kernprincipes: je moet altijd bewust werken aan, wat je zou kunnen noemen, wederzijdse aantrekkelijkheid. Je moet moeite doen om een goede verstandhouding te hebben met degenen met wie je samenwerkt. Het mooie is, dat dát alleen maar samengaat met die persoonlijke passie om je talenten te ontwikkelen. Per saldo moet er volgens Semler vooral ruimte zijn voor zelfsturing, dus geen hiërarchische verhoudingen, geen baas die zegt je moet het zo en zo doen. Talenten ontwikkelen zich beter naarmate de medewerkers meer vrijheden en eigen verantwoordelijkheden hebben.

Romantisch

Semco is een succesvol bedrijf, Semlers boeken worden stukgelezen en hij is een veelgevraagd spreker. Toch krijgt zijn managementfilosofie in de praktijk maar weinig navolging. Dit is mogelijk te wijten aan de romantische inslag ervan; het gaat om het creëren van persoonlijke betrokkenheid. Het probleem is vooral dat implementatie van Semlers opvattingen het opgeven van bestaande machtsposities vereist. Dat is niet bepaald een aantrekkelijke gedachte voor de machthebbers. Als je een oud-studiegenoot tegenkomt en vraagt hoe het met hem gaat, zul je snel te horen krijgen hoeveel mensen hij onder zich heeft. Of dat hij rechtstreeks rapporteert aan de raad van bestuur. Als je dezelfde vraag aan Semler stelt, zou hij waarschijnlijk zeggen dat het gelukt is om van een sterke overtuiging werkelijkheid te maken. Dat mensen hun eigen verantwoordelijkheid dragen en zich persoonlijk betrokken voelen bij hun werk.

Eigenaar

Een mogelijk andere oorzaak waarom maar weinig bedrijven Semlers opvattingen in praktijk brengen, is te vinden in zijn mening over aandeelhouders. In feite wil hij hun rol inperken. Hij ziet de (anonieme) aandeelhouder primair als een bankier die recht heeft op een redelijke rente, maar verder geen inhoudelijke bemoeienis met het werk mag hebben. Dat mogen alleen maar de mensen die het werk daadwerkelijk doen, die mogen zich met recht eigenaar van het werk noemen. Daarom maakt Semler zijn medewerkers zo snel mogelijk medeaandeelhouder. Het is belangrijk dat je eigenaar bent van je werk, dat je je verantwoordelijk voelt voor alles wat goed gaat én wat misloopt. Dan kun je trots zijn op je werk én word je voortdurend aangezet om het slimmer aan te pakken. Dit versterkt de binding tussen de medewerker en zijn werk. Vreemd genoeg zijn we vanuit het reguliere managementdenken gewend om die persoonlijke relatie juist weg te halen. Dan is het de baas die aanstuurt en is alles gericht op gehoorzaamheid en afhankelijkheid. Dat is zelfs de kern van ons arbeidscontract, waarin een arbeidsrelatie een gezagsverhouding is. De traditionele gedachte is dat zonder leiding, zonder krachtige bestuurders, de boel failliet gaat. Semler laat zien dat het wèl kan.

Check http://www.youtube.com/watch?v=gJkOPxJCN1w voor een interview (maart 2007) met Ricardo Semler. Hij vertelt onder andere over toepassing van zijn filosofie in het onderwijs(!).

LE BLUES DU BUSINESSMAN	DE BLUES VAN DE ZAKENMAN
paroles: Luc Plamondon (1976)	tekst: Luc Plamondon (1976)
musique: Michel Berger (1976)	muziek: Michel Berger (1976)
uit: Starmania	vertaling: Joseph Kessels (2008)
J'ai du succès dans mes affaires	Ik heb succes in het zakendoen
J'ai du succès dans mes amours	Ik heb succes in de liefde
Je change souvent de secrétaire	Ik verander vaak van secretaresse
J'ai mon bureau en haut d'une tour	Ik heb mijn bureau hoog in een toren
D'où je vois la ville à l'envers	Waar ik van boven op de stad neerkijk
D'où je contrôle mon univers	Waar ik heers over mijn universum
Je passe la moitié de ma vie en l'air	Ik breng de helft van mijn leven door in de
Entre New York et Singapour	lucht, tussen New York en Singapore
Je voyage toujours en première	Ik reis altijd eerste klas
J'ai ma résidence secondaire	Ik heb mijn tweede huis
Dans tous les Hilton de la terre	In alle Hiltons van de wereld
J' peux pas supporter la misère	Ik kan geen ellende verdragen
J' suis pas heureux mais j'en ai l'air	Ik ben niet gelukkig, maar ik doe alsof
J'ai perdu le sens de l'humour	Ik heb mijn gevoel voor humor verloren,
Depuis qu' j'ai le sens des affaires	sinds ik in zaken ben
J'ai réussi et j'en suis fier	Ik ben geslaagd en daar ben ik trots op
Au fond, je n'ai qu'un seul regret	In wezen heb ik van één ding grote spijt
J' fais pas ce que j'aurais voulu faire	Ik doe niet wat ik graag had willen doen
J'aurais voulu être un artiste	Ik had graag een kunstenaar willen zijn
Pour pouvoir faire mon numéro	Om mijn eigen nummer te kunnen doen
Quand l'avion se pose sur la piste	Wanneer mijn toestel landt op het vlieg-
À Rotterdam ou à Rio	veld van Rotterdam of Rio
J'aurais voulu être un chanteur	Ik had graag een zanger willen zijn
Pour pouvoir crier qui je suis	Om uit te kunnen schreeuwen wie ik ben
J'aurais voulu être un auteur	Ik had graag een schrijver willen zijn
Pour pouvoir inventer ma vie (bis)	Om mijn eigen leven te kunnen verzinnen (bis)
J'aurais voulu être un acteur	Ik had graag een acteur willen zijn
Pour tous les jours changer de peau	Om elke dag in een andere huid te kunnen
Et pour pouvoir me trouver beau	kruipen, en mezelf mooi te vinden
Sur un grand écran en couleur (bis)	op het grote witte doek in kleur (bis)
J'aurais voulu être un artiste	Ik had graag een kunstenaar willen zijn
Pour avoir le monde à refaire	Om de wereld opnieuw te scheppen
Pour pouvoir être un anarchiste	Om een anarchist te kunnen zijn
Et vivre comme un millionnaire (bis)	En te leven als een miljonair (bis)
J'aurais voulu être un artiste	Ik had graag een kunstenaar willen zijn
Pour pouvoir dire pourquoi j'existe	Om te kunnen zeggen waarom ik besta

Leestip
Ricardo Semler (1993) Maverick! The Success Story Behind the World's Most Unusual Workplace en (2004) The Seven-Day Weekend. Changing the Way Work Works.

Het is belangrijk dat je eigenaar bent van je werk, dat je je verantwoordelijk voelt voor alles wat goed gaat én wat misloopt. Vreemd genoeg zijn we vanuit het reguliere managementdenken gewend om die persoonlijke relatie juist weg te halen.

7 Het potentieel van 'ubuntu' leiders

Zijn leiderschapsstijlen voor een groot deel cultureel bepaald? Bestaan er nationale leiderschapsstijlen? Waar staan Nederlandse leiders ten opzichte van die in andere landen? Welke stijl is aan te raden? Een beetje meer 'ubuntu' kan geen kwaad.

Asian style

We trappen af met een aantal Aziatische landen, zoals China en India. Hier voltrekt zich het ene na het andere economische wonder. Dat roept de vraag op of dit (ook) verband houdt met een bepaalde, Aziatische, stijl van leidinggeven. Wellicht wat kort door de bocht, maar de volgende observaties zullen waarschijnlijk voor velen herkenbaar zijn. In het Verre Oosten is de leider over het algemeen vergelijkbaar met de zorgzame vader, als de oudste olifant die de kudde de weg wijst. Een dergelijke vorm van leiderschap kan alleen bestaan in een context waarin mensen zich erg afhankelijk voelen van de leider en wellicht bang zijn uit de groep te vallen. Deze mensen voelen niet de behoefte hun eigen ideeën over te brengen en zelf verantwoordelijkheid te nemen. Er is een sterk collectiviteitsgevoel: de eigen identiteit wordt ontleend aan de gemeenschap, de familie, de 'clan' of aan de regio. Dit biedt veel ruimte voor op macht en controle gebaseerd leiderschap. In een omgeving met geëmancipeerde individuen bestaat vooral ontvankelijkheid voor leiders met inspirerende ideeën en een krachtige toekomstvisie. Het draait hier veel meer om respect voor inhoud (ervaring en bekwaamheid) dan om onderwerping aan een machtspositie die slechts voortkomt uit senioriteit. Een hoge leeftijd en – letterlijk – grijze haren openen vele deuren in Azië. De waardering voor ouderen, voor ouders én voorouders, gaat enorm ver in China. Ook jonge werknemers – met sterke, eigen ideeën – zijn bereid zich in het bedrijfsleven te onderwerpen aan de mening en visie van ouderen (vaderfiguren), ook al weten de jongeren dat zij zelf gelijk hebben.

Kennisintensief

Deze vorm van autocratisch leiderschap draagt momenteel bij aan de economische wonderen. Maar vooral omdat het gecombineerd kan worden met simpel massaproductiewerk, met een onuitputtelijke bron van arbeid en met werknemers die nauwelijks eisen stellen. De vraag is hoe lang dit nog werkt. Bedenk dat de economische groei pas echt op gang kwam toen het communistische regime meer ruimte ging bieden aan het individu. Er komt steeds meer kritiek op het energieverbruik en de sociale uitbuiting. Verder voltrekt er zich een ontwikkeling van productie- naar kenniswerk. In kennisintensieve bedrijven laten werknemers zich veel minder sturen door macht, maar vooral door visie en ideeën. China zal, net als India, gaan eisen dat wanneer een bedrijf zijn productieactiviteiten in China wil onderbrengen, het ook zijn kennisintensieve activiteiten in China vestigt. Dat leidt en noodzaakt tot nieuw leiderschap. Overigens domineert in India vooralsnog het Amerikaanse leiderschapsmodel. Het sterke geloof in eigen kunnen (van krantenjongen tot miljonair) kan echter ook een alibi vormen om je geen zorgen te hoeven maken over je medemens en medewerkers. Het gedeelde verantwoordelijkheidsgevoel is dan slecht ontwikkeld. Hierdoor ontstaat ruimte voor autocratisch leiderschap. Dit in tegenstelling tot een land als Japan, waar een zeer sterk collectief bewustzijn bestaat, dat gepaard gaat met schaamtegevoel en angst voor gezichtsverlies. Wanneer de top fouten maakt, vereist het collectiviteitsgevoel publieke verantwoording en boetedoening (soms zelfs zelfmoord).

Gedistribueerd leiderschap

In Nederland en in de Scandinavische landen verwerf je – minder dan in het gezagsgetrouwere Frankrijk, Duitsland, Italië en België – gezag door geleverde prestaties. Tegelijkertijd bestaan er in Nederland allerlei tussenvormen van leiderschap, en zijn er Amerikaanse en zelfs Aziatische elementen. Denk aan de tussenvorm, waarin er naast een officiële – administratieve – afdelingschef nog een persoon is die op basis van inhoud feitelijk het afdelingsteam leidt. Die twee 'leiders' bestaan naast elkaar. Nog wel. Uiteindelijk gaan we waarschijnlijk naar een vorm van gedistribueerd leiderschap waarin teamleden gebruikmaken van elkaars specifieke kennis. Afhankelijk van de situatie waarin het bedrijf verkeert, wordt de specifieke deskundigheid van een bepaald teamlid ingezet. Dit lid leidt in dat geval het team. Naarmate het werk complexer wordt en er steeds meer specialistische bekwaamheid ontstaat, gaan medewerkers automatisch zelf meer verantwoordelijkheid dragen aangezien de 'baas' per definitie minder expertise heeft (en hij wellicht zelfs verdwijnt).

Primus inter pares

Maar ook in ons polderland zien we elementen uit de Asian style. Nog zeer regelmatig klinkt de roep om één kapitein, om een generaal die voor de troepen uitgaat. Zodra het een beetje moeilijk wordt, grijpen Nederlandse bedrijven snel terug op dit kapiteinsrecept. Lekker veilig en je hoeft zelf niet na te denken en geen verantwoordelijkheid te dragen. Bovendien zijn veel bedrijven nog niet bekwaam in gedistribueerd leiderschap. In een échte crisissituatie werkt die ene kapitein misschien nog, maar het is onhoudbaar in diffuse netwerkorganisaties met allerlei expertiseafdelingen. Daar gaat het ten koste van de wendbaarheid, groei en innovativiteit. Het staat vast dat je de boel bij elkaar moet houden. Maar in plaats van naar het machtsmiddel te grijpen, is het veel effectiever om gedeelde principes en uitgangspunten te formuleren. Dit creëert ruimte om met elkaar aan de slag te gaan; men kan elkaar erop aanspreken. Vooruitgang door gemeenschappelijkheid. In dat opzicht valt nog iets te leren van het Afrikaanse 'ubuntu': dienend leiderschap. Leider word je door samen te werken met anderen, vanuit gemeenschapszin, gelijkheid en actieve participatie. Ubuntu staat ook voor het omgaan met de paradox van leiderschap: het combineren van de behoefte aan empathische, dienende leiders die zich gedragen als één van ons, met het verlangen naar sterke visionaire leiders. Nederland heeft misschien wel affiniteit met 'ubuntu'. Het 'primus inter pares'-idee is echt Hollands; de minister-president is de eerste onder zijns gelijken. Je mag wel de baas zijn, maar je moet je niets verbeelden en het geeft je niet het recht om ongecontroleerd macht uit te oefenen over anderen.

In plaats van naar het machtsmiddel te grijpen, is het veel effectiever om gedeelde principes en uitgangspunten te formuleren. Vooruitgang door gemeenschappelijkheid. In dat opzicht valt nog iets te leren van het Afrikaanse 'ubuntu': dienend leiderschap.

8 De onvrede van de young professional

Er gaapt een kloof tussen de individuele, eigentijdse opvattingen van de nieuwe generatie young professionals en het collectieve 'organisatiedenken'. Het is een kloof van wederzijds onbegrip door sterk uiteenlopende opvattingen over hoe een bedrijf professioneel en slim kan functioneren. Het wordt hoog tijd de kloof te overbruggen.

Kloof

De *young professional* kijkt naar zichzelf, vindt dat hij als persoon iets te bieden heeft. Hij is *eager* om verschil te maken, wil verantwoordelijkheid dragen en wenst verbindingen met anderen aan te gaan. Mede omdat hij er een duidelijke eigen mening op na houdt, heeft hij ideeën over hoe de organisatie slimmer kan functioneren. Dit is geen egocentrisme, maar een uiting van betrokkenheid. Uiteraard verwacht hij dat 'de' organisatie hiervoor openstaat, of op zijn minst een luisterend oor heeft. Echter, de leidinggevenden zijn geneigd vast te houden aan de *corporate* missie en visie en aan allerlei formeel vastgelegde uitgangspunten die in het verleden hun nut bewezen hebben. Bovendien kunnen individuele werknemers vaak pas echt iets inbrengen als zij minstens vijf jaar werkervaring hebben. Op deze manier blijft verandering ver weg.

Verschuilen

Probleem is dat de oude(re) generatie, die zich nu meestal in leidinggevende posities bevindt, zich verschuilt achter 'de organisatie'. Achter de *corporate* visie en missie. Zodra er gesproken wordt over 'de visie van de organisatie', wordt automatisch een soort hoger doel gecreëerd. De leidinggevenden zeggen niet: 'Ik wil dit' of: 'Mijn mening is.' Nee, ze praten over wat de organisatie vindt en wenst. Onzin natuurlijk. Zij hebben de neiging in bewoordingen te gaan praten die passen bij hun positie; ze vinden het belangrijk om te kunnen zeggen 'Ik werk bij' in plaats van 'Ik doe dit'. Ze identificeren zich met de organisatie of met het merk waarvoor ze werken. Zij zien dat als een vorm van loyaliteit; het getuigt van een persoonlijke inzet ten gunste van het collectief. Het is een geaccepteerde manier voor senior-leidinggevenden om over hun persoonlijke ambities te praten. Maar het kan ook een effectieve manier zijn om individuen monddood te maken. Immers, hoe kun je nu een andere mening hebben dan de organisatie waarvoor je werkt? Je hebt toch altijd het beste met de organisatie voor? Dit maakt de discussie tussen de oude(re) generatie leidinggevenden en de *young professionals* per definitie ongelijkwaardig. Het is veel makkelijker om te reageren op de – persoonlijke – mening van een leidinggevende dan op de mening van 'de organisatie'. Een mening die feitelijk helemaal niet bestaat. Illustratief voor dit rigide organisatiedenken is de opzet van het administratieve systeem van veel bedrijven, waarin steevast voor iedere werknemer budget is gereserveerd voor een bureau en een stoel. Iedereen voorzien van een eigen, afgebakende werkplek is niet bepaald bevorderlijk voor het ontmoeten van andere mensen en het delen van kennis. Het stimuleert alleen maar dat de verplichte uurtjes achter de pc worden gemaakt. De fysieke werkomgeving is in dit geval een uitdrukking van het collectieve organisatiedenken dat weinig ruimte biedt voor het innovatieve individu.

Keuze

De nieuwe generatie staat voor de keuze om zich óf aan te passen aan de organisatie, óf om voor zichzelf te kiezen. Wie ben ik en wat kan ik? Wat is mijn drive? Wat heb ik nodig om mijzelf te ontwikkelen en welke omgeving past daarbij? En als de huidige werkomgeving niet past, zoek ik een andere. Uiteraard is dit stukje een pleidooi voor het individuele geluid. Alleen dan krijgt datgene wat de nieuwe generatie zo sterk maakt, hun individuele talenten en uitgesproken opvattingen, de ruimte. Dit besef is al doorgedrongen bij de auteurs (*young professionals*) van de aan de top van het bedrijfsleven geadresseerde open brief ('Toptalent heeft haast met het milieu') die op 4 december

2007 in de Volkskrant verscheen. Dit jonge talent roept de gevestigde top van het bedrijfsleven op vaart te maken met de verbetering van het duurzaamheidsbeleid van het Nederlandse bedrijfsleven.

Stille revolutie

Ook de enorme toename van zelfstandigen, de zzp'ers/freelancers, is een tegenreactie op het *corporate* organisatiedenken. Het is een soort stille revolutie. Er vindt een grote uitstroom plaats van mensen, overigens niet per se uitsluitend jongeren, die zich niet langer willen onderwerpen aan wat 'de organisatie vindt'. Je zou verwachten dat bedrijven tot inkeer komen wanneer zij zich realiseren dat zij hun talenten kwijtraken. Maar het tegendeel is waar: de organisaties bagatelliseren dit verschijnsel door te stellen dat het voor beide partijen beter is om uit elkaar te gaan wanneer er een onoverbrugbaar verschil is in visie en opvattingen. Een gemiste kans, omdat het vanuit de optiek van vernieuwing, van groei en kennisontwikkeling, noodzakelijk is om meer aansluiting bij de jongere generatie te zoeken. Dat komt de prestaties van organisaties op de lange termijn alleen maar ten goede. De *creative industry* heeft dit tot nu toe het best begrepen; misschien kan zij een voorbeeld zijn voor andere sectoren.

De enorme toename van zelfstandigen, de zzp'ers/freelancers, is een tegenreactie op het corporate organisatiedenken. Het is een soort stille revolutie. Er is een grote uitstroom van mensen die zich niet langer willen onderwerpen aan wat 'de organisatie vindt'.

Lang leve Wintzen!

Op 21 maart 2008 overleed hij aan een hartaanval in zijn huis in Zuid-Frankrijk. Eckart Wintzen werd 68 jaar. Een multimiljonair met een bewogen leven. Van topondernemer in de ICT naar idealistisch durfinvesteerder. Aan de verkoop van zijn ICT-bedrijf BSO hield hij vele miljoenen over. Via Ex'tent (Eckart's tent) investeerde hij een groot deel hiervan in uiteenlopende groene en duurzame projecten. Velen kunnen leren van zijn uitgesproken opvattingen en groene hart. Een duik in de psyche van deze kleurrijke ondernemer.

Bloempotten

Wintzen maakte vooral naam met hoe hij zijn organisatie BSO runde. De vele duizenden werknemers werden verdeeld over autonome cellen, waarin maximaal vijftig personen werkten. Iedere cel had een eigen verlies-en-winstrekening, één eindverantwoordelijke en bovenal een grote mate van vrijheid in handelen en besluitvorming. In feite stimuleerde hij het zelfstandig ondernemerschap; werknemers zouden gemotiveerder zijn binnen hun eigen, slagvaardige unit dan binnen een anonieme, logge organisatie met duizenden werknemers. Enerzijds zorgde Wintzen voor individuele autonomie, anderzijds was hij nadrukkelijk bezig met het bewaken van de identiteit van de overkoepelende organisatie. Keerzijde van het toestaan van veel individuele verantwoordelijkheid is namelijk het gevaar van anarchie als er geen voeling meer is met het geheel. Immers, autonome afdelingen willen vaak hun eigen identiteit, een eigen huisstijl, inrichting, enzovoort. Maar dat was bij Wintzen geen optie. Hij zag toe op een wereldwijd uniforme uitstraling. Die was tot in de kleinste details door hem uitgedacht. Zo had hij een bloedhekel aan kleine, gezellige bloempotjes en dus stelde hij de richtlijn op dat deze minimale afmetingen moesten hebben van 40x40x40 cm. Over de gehele wereld stonden in de kantoren dezelfde donkere BSO-tafels. Alles wat raakte aan media-aandacht domineerde hij volledig. De externe identiteit diende niet alleen stijlvol te zijn, maar vooral ook eenduidig en herkenbaar. Op deze manier zorgde Wintzen voor een gemeenschappelijke, eensgezinde identiteit. BSO moest voor de buitenwereld herkenbaar zijn en de cellen moesten binding blijven houden met het geheel.

Waanzinnige drive

Zijn celdelingsstructuur (overigens oorspronkelijk bedacht door automatiseerder CMG) was succesvol binnen BSO, maar kreeg desondanks nauwelijks navolging. Het is een moeilijk te kopiëren concept, waarschijnlijk vooral omdat veel van het succes een-op-een aan Wintzens persoon kleefde. Zijn enorme werklust en doorzettingsvermogen waren legendarisch. In zijn beginperiode sleepte hij voor de poorten van de hel kredieten weg om zijn business voort te kunnen zetten. Zonder zo'n waanzinnige persoonlijke drive wordt het lastig om de celdelingsstructuur in de praktijk kans van slagen te geven. Je moet er zelf volledig in geloven, maar vooral moet je het durven om je medewerkers zo veel vrijheid te geven. Je moet erop vertrouwen en ervoor zorgen dat ze die vrijheid niet gaan misbruiken. Verder moet je de autonome cellen ervan kunnen overtuigen dat zij ook een financiële bijdrage moeten leveren aan het grotere geheel. Doorgaans is dat lastig uit te leggen, want waarom zou je als zelfstandige unit moeten bijdragen aan het hoofdkantoor? Hoeveel aandacht hij gaf aan de centrale regie van de BSO-identiteit, zo veel moeite deed hij om te ontkomen aan stafdiensten en andere onproductieve aanslibsels die men in klassieke bedrijven als de normaalste zaak van de wereld ziet. Door zijn inspirerende charisma pikte men dat allemaal van Wintzen. Het was iemand bij wie je graag wilde horen. Dat was ook iets waar hij zelf altijd nadrukkelijk naar streefde: naar een persoonlijke band met zijn medewerkers. Hij was ervan overtuigd dat je mensen zelfstandigheid en ruimte moet geven, zodat ze vanuit een gezond eigenbelang, maar tegelijkertijd in goede harmonie met collega's, hun werk doen. Als een soort vaderfiguur was hij altijd op de achtergrond aanwezig.

Hoe doet ie dat?

Enerzijds was hij een no nonsense CEO van een keiharde multinational. Anderzijds toonde hij zich een idealist door zijn vele miljoenen, verdiend met de verkoop van BSO, te investeren in groene, duurzame bedrijven en producten. Dat lijken twee gescheiden werelden, maar dat zijn ze allerminst. Zijn sterke gevoel voor de kwaliteit van mensen, zijn wens om hun betekenisvol werk te geven, heeft een directe relatie met maatschappelijk verantwoord, duurzaam ondernemen. In het klassieke bedrijfsleven staat betekenisvol werk vooral voor rentabiliteit, aandeelhouderswaarde en groei. Voor de huidige, nieuwe generatie werknemers en ondernemers is dat veel te eenzijdig. Betekenisvol staat bij hen voor het ontwikkelen van je talenten en een bijdrage leveren aan de maatschappij waar je deel van uitmaakt. Betekenisvol werk hangt sterk samen met *corporate social responsibility*. Wintzen was, vergeleken met de gemiddelde, op rendement gefocuste manager van zijn generatie, zijn tijd ver vooruit. Zijn verdienste is onder meer dat hij grote invloed heeft gehad op het denken van deze klassiek georiënteerde topmanagers. Hij was een onconventionele, selfmade man die van een eenmansbedrijf een wereldomvattende, winstgevende organisatie met 10.000 mensen maakte. Dat is een groot ondernemerssucces waarmee hij respect heeft afgedwongen bij de klassieke managementwereld. 'Hoe doet die vent dat?' vroeg men zich daar af. Vervolgens werd duidelijk dat Wintzen dit bereikt had met een totaal andere visie op ondernemerschap en de maatschappij. Mede door hem is het duurzaamheidsdenken uit de filantropische hoek gehaald. In de huidige wereld kun je op een maatschappelijk verantwoorde manier ondernemen zonder er arm van te worden. Integendeel. Het duurzaamheidsdenken is weliswaar al sterk toegenomen, maar er kan nog veel meer op dit gebied ondernomen worden. Laat je inspireren door het laatste boek dat Wintzen schreef: *Eckart's notes*.

Leestip
Eckart Wintzen (2007), *Eckart's notes*.

Hij was ervan overtuigd dat je mensen zelfstandigheid en ruimte moet geven, zodat ze vanuit een gezond eigenbelang, maar tegelijkertijd in goede harmonie met collega's, hun werk doen.

Eindigen als een zesje

Bijna negentig procent van de hoger opgeleiden blijkt al na twee jaar genoeg te hebben van de eerste baan. En dus verlaat men de droombaan die men in het begin nog dacht te hebben. Wat zijn de oorzaken hiervan en hoe kan deze vroegtijdige uitval worden voorkomen? Of is er helemaal niets aan de hand en past het in het huidige tijdsgewricht van jobhoppen? En kunnen we het misschien zelfs positief opvatten en beschouwen als een teken van ambitie en durf van de nieuwe generatie werknemers?

Onderaan beginnen

Organisaties halen afgestudeerden met mooie beloftes binnen. Helaas blijkt na verloop van tijd het werk inhoudelijk niet aan te sluiten bij het beeld dat de sollicitanten hebben van hun gewenste baan. Er is een kloof tussen de werkelijkheid en het geschetste beeld in vacatures en sollicitatiegesprekken. Je kunt die beschouwen als een generatiekloof; de generatie zittende managers denkt dat nieuwe, jonge werknemers vooral gaan voor salaris, een leaseauto en aantrekkelijke arbeidsvoorwaarden, kortom: voor status. Dat is een misvatting. Personeelwervers weten beter en beloven sollicitanten daarom een avontuurlijke, dynamische werkomgeving. Ze mogen rekenen op een organisatie die toekomstgericht is, die openstaat voor frisse ideeën en waarin ze zullen samenwerken met *like-minded people*. Eenmaal binnen blijken de verse medewerkers behandeld te worden als groentjes die nauwelijks eigen verantwoordelijkheid krijgen en intellectueel weinig uitdagend werk moeten doen. 'Want,' zegt hun manager, 'ook ik ben onderaan begonnen.'

Pervers systeem

De huidige opvattingen over hoe nieuwe, onervaren medewerkers zich moeten ontwikkelen, zijn te schools. Leren en persoonlijke ontwikkeling worden vertaald in het volgen van cursussen en het halen van enkele diploma's. Als die binnen zijn, maken medewerkers kans door te groeien. Een schadelijke opvatting, aangezien het kennelijk nauwelijks iets doet voor het tevreden en gemotiveerd houden van de nieuwelingen. Leren en persoonlijke ontwikkeling moeten veel meer met de inhoud van het werk zelf verweven zijn. Door hun werk, en niet door een paar cursusdagen, zouden medewerkers moeten kunnen leren en zo een bijdrage leveren aan hun persoonlijke groei. Nu worden werknemers geacht zichzelf continu te verbeteren, iedereen moet de beste willen zijn. Het hoort bij het ambitieus zijn. Maar uiteindelijk creëert dit enorm veel verliezers, omdat er maar één de beste kan zijn; iedereen onder de hoogste baas is 'minder'. Het is een pervers systeem van het arbeidsleven. Deze 'survival of the fittest' is een vreemde rechtvaardiging voor het op deze wijze omgaan met talent.

Hogerop zoeken

Een andere dubieuze, eveneens schoolse opvatting is dat een werknemer die heeft bijgeleerd en zich heeft ontwikkeld, beloond moet worden met een hogere positie. De échte beloning zouden we moeten zoeken in het geven van meer ruimte aan deze werknemer. Meer ruimte in de betekenis van meer verantwoordelijkheid, budget en zelfstandigheid. Het is waar dat iemand deze ruimte ook krijgt zodra hij of zij een hogere positie bereikt, maar toch is er een belangrijk verschil. Genoemde extra ruimte en verantwoordelijkheid zijn in het huidige systeem een-op-een gekoppeld aan het functieniveau. Er wordt gekeken naar posities, niet meer naar wat iemand echt kan en welke persoonlijke drijfveren iemand heeft. Eén van de redenen, naast de gebrekkige ontwikkelmogelijkheden, waarom men zo snel zijn eerste werkgever verlaat, is de te sterke hiërarchische gelaagdheid van veel organisaties. Dit pleit voor platte organisatiestructuren; het respect voor medewerkers moet niet gebaseerd zijn op het functieniveau dat zij hebben, maar op hun bekwaamheden en bijdragen aan het geheel. Die bijdrage betreft niet alleen de kwaliteit en hoeveelheid van producten en diensten, maar ook de zorg voor sociale relaties en duurzaamheid.

Eindigen als 'een zesje'

Ook financiële groei zou je moeten loskoppelen van het functieniveau. De meeste organisaties zijn ingericht op carrière maken: het werk, het salaris en de bevoegdheden zijn nu volledig afhankelijk van het functieniveau. Wanneer werknemers zich conformeren aan deze carrièrestructuur, verloochenen zij in feite zichzelf. Degenen die blijven, lopen het risico als 'zesjes' te eindigen. In deze redenering is het eigenlijk alleen maar goed dat negentig procent zijn eerste baan verlaat; het kan opgevat worden als het zich niet willen conformeren aan het achterhaalde carrièredenken. Het duidt op enige verwantschap met 'The Cultural Creatives' (Ray & Anderson, 2000), die zoeken naar generieke, praktische en spirituele waarden in het dagelijks leven, maar dan zonder formele religie, status en macht. Het geloof in eigen kunnen staat bij hen centraal. In de door Sean Penn geregisseerde bioscoopfilm 'Into the Wild' noemt de hoofdpersoon carrières dé misvatting van de moderne tijd en besluit na zijn afstuderen aan Harvard te kiezen voor een lang verblijf – zonder geld en andere materiële ballast – in de wildernis van Alaska. Eindigen met een stropdas achter een duur bureau was niet zijn *cup of tea*. Een weliswaar extreme opvatting, maar wel een die tot nadenken stemt. Het is de moeite waard voor organisaties om zich te gaan concentreren op het volgende: medewerkers werk laten doen dat ze prettig vinden en van daaruit – én omdat ze hun werk goed doen – meer ruimte geven om dat prettige werk steeds beter te kunnen te doen. Organisaties moeten plekken zijn waar medewerkers vorm kunnen geven aan hun eigen identiteit in plaats van plekken waar mensen sec hun geld verdienen door zich te conformeren aan anderen. Pas dan groeit het sociale kapitaal van een organisatie en het collectieve vermogen om mooie dingen te maken.

Leestip
Paul H. Ray en Sherry Ruth Anderson (2000), *The Cultural Creatives: How 50 Million People Are Changing the World*.

Nu worden werknemers geacht zichzelf continu te verbeteren, iedereen moet de beste willen zijn. Het hoort bij het ambitieus zijn. Maar uiteindelijk creëert dit enorm veel verliezers omdat er maar één de beste kan zijn; iedereen onder de hoogste baas is 'minder'. Het is een pervers systeem van het arbeidsleven.

Blijf eigenaar van je kennis

11

Hebzucht, narcisme, egoïsme. Enkele van de hoofdzonden die geen enkel mens vreemd zijn. We troffen ze in de overtreffende trap aan bij topbestuurders in de financiële wereld. Daardoor kon een crisis niet uitblijven. En dan niet alleen een crisis in de economische en financiële wereld, maar ook in andere sectoren. Want in de reële economie worden net zo goed bedrijven geleid vanuit de verkeerde principes en motivaties. Ook daar draait het vaak om hebzucht, om het 'pleasen' van die aandeelhouders die uitsluitend oog hebben voor de financiële performance van organisaties, vooral op de korte termijn. Zij eigenen zich organisaties volledig toe, en daarmee de daarin werkzame individuen met al hun rijkdom aan kennis en hun waardevolle verbindingen. Als ze – de organisatie én haar werknemers – onvoldoende renderen, is de kans groot dat hun de nek wordt omgedraaid. De financiële crisis is verworden tot een maatschappelijke crisis. Ze noodzaakt tot een fundamentele heroriëntatie op en herziening van de wijze waarop organisaties worden geleid. Dát is de zonnige zijde van deze crisis.

Hebzuchtige macho's

Goed beschouwd heeft het crisisscenario zich op een voorspelbare, en dus eigenlijk ook te voorkomen, manier ontvouwd. Het 'Zie je wel'- of 'Heb ik het niet gezegd'-gevoel is een terecht sentiment. Het Angelsaksische model, dat aandeelhouderswaarde heilig verklaart, kan haast niet anders dan tot dit soort crises leiden. Het fundament ervan bestaat uit drijfveren als hebzucht en narcisme. En dan ook nog eens de hebzucht van vooral mannen. Het feit dat de financiële wereld wordt gedomineerd door mannen, heeft waarschijnlijk een belangrijke rol gespeeld in het ontstaan van de kredietcrisis. Dat is de mening van hoogleraar Piet Keizer van de Universiteit Utrecht, die is gespecialiseerd in economie in combinatie met sociale wetenschappen. 'Mannen onder elkaar vertonen machogedrag, topmannen neigen naar narcisme: hoe groter, hoe beter. Riskant gedrag kan in de financiële wereld, vooral in de Verenigde Staten, prestige opleveren,' aldus Keizer (Het Parool, 1 november 2008). Hij pleit in het bewuste artikel niet voor een wereld waarin vooral vrouwen aan de top staan, maar wel voor een betere balans. 'Meer vrouwen in de financiële wereld kunnen een matigende invloed hebben op het machogedrag van mannen.' In hoofdstuk 1, 'Nieuw leiderschap gevraagd', werd al de noodzaak aangegeven van het aantrekken van meer sensitieve leiders in het bedrijfsleven. Dat zijn personen die in staat zijn tussen de regels door te lezen, die (subtiele, onderhuidse) zaken opvangen die aan vele anderen ongemerkt voorbijgaan. In technische, industriële sectoren wordt vooral gewerkt met tastbare materie. Iets is recht of krom, staat aan of uit, het is ja of nee. Er is geen tussenweg. De huidige leiders communiceren ook op deze wijze, terwijl menselijke communicatie bij uitstek diffuus, subtiel en tegenstrijdig is. Dat vraagt om leiders die een antenne hebben voor dergelijke subtiele signalen. Onderdeel van deze sensitiviteit is gevoel hebben voor je omgeving, voor maatschappelijk verantwoord, transparant en duurzaam ondernemen. Ofwel ondernemerschap dat wars is van narcisme en niet door egoïsme gedreven wordt. De kans is groot dat vrouwelijke leiders eerder zo'n sensitieve antenne hebben dan mannen.

Angelsaksisch vs. Rijnlands

In plaats van op het bouwen en uitwisselen van kennis zijn bedrijven primair gericht op het creëren van (geld)waarde voor de aandeelhouders. Het Angelsaksische model werkt dit in de hand. Daarin wordt van iedereen zelfredzaamheid verwacht en dus moet iedereen denken vanuit zijn (materiële) eigenbelang. Dat stimuleert het bouwen aan een eigen machtspositie. In het Rijnlandse model ligt de nadruk op samenwerking en daarmee op onderlinge consensus en vertrouwen. Ook is er meer oog voor de lange termijn. Dit model is niet zozeer de oplossing voor de crisis, maar wel een aardige vingeroefening in het nadenken over eigenaarschap. Nu zijn de anonieme aandeelhouders, de *hedge funds* en *private equity funds* de eigenaren van de in organisaties aanwezige kennis. Als je er goed over nadenkt, is dat eigenlijk absurd en niet bevorderlijk voor integer opererende bedrijven. De enige personen die zich rechtmatig eigenaar van de kennis zouden mogen noemen, zijn de kennisdragers zelf: de werknemers. De crisis kan bijdragen aan meer besef van en een andere opvatting over eigenaarschap. Dat reikt verder dan balans- en beurswaarde. Bedrijven staan bol van het immateriële kapitaal, van kennis en de sociale netwerken waarin deze kan groeien. Dáár moet de aandacht naar uitgaan in plaats van naar het creëren van materiële waarde voor een groep anonieme belanghebbenden. Het succes van het sociale bankieren van de Triodos Bank en het coöperatieve bankieren van de Rabobank laat zien dat een andere focus duurzame vruchten afwerpt.

Kenniseigenaren

In het eerste deel van dit boekje is al gewezen op het feit dat we toegroeien naar een samenleving, een economie, die heel sterk gericht is op ontwikkeling en toepassing van kennis. Werk krijgt steeds meer het karakter van leren ten behoeve van kennisontwikkeling. Kennis die jou en dus de organisatie in staat stelt de dingen anders en slimmer te doen dan de concurrentie. Daarom is de vraag zo belangrijk wie zich kenniseigenaar mag noemen. Kennis kan alleen maar een persoonlijk bezit zijn, dus eigendom van individuen (werknemers) of van een netwerk van individuen waarin zij hun kennis onderling uitwisselen, vermeerderen en elkaar ervan laten profiteren. Er is 'nieuw leiderschap' nodig, zo schreven we al eerder: leiders die een werkomgeving creëren die uitnodigt tot het ontwikkelen en delen van kennis. De veilige weg is teruggrijpen op de autoritaire management- of leiderschapsstijl waarin het draait om positie, macht, aansturen, controleren en onvoorspelbaar straffen en belonen. Veel effectiever is het om te focussen op die domeinen waar iemand een sterke persoonlijke betrokkenheid bij heeft. Motieven als duurzaamheid en maatschappelijke relevantie zijn krachtiger aanjagers van betekenisvolle kennisontwikkeling en innovatie dan beurskoersen. Wellicht zijn deze nieuwe leiders zelfs de sleutel tot het keren van de crisis. Of beter gezegd: met dergelijke leiders was de crisis misschien nooit ontstaan. Dat is echter vruchteloos napraten. Wel is het een uitgelezen moment om te leren en de wijze waarop organisaties worden geleid drastisch te draaien. De opvattingen over kenniseigendom, en dus over de achterliggende motieven om een organisatie te leiden, moeten fundamenteel anders. Eén van de zegeningen van een crisis is creatieve onrust: een existentiële bedreiging die aanzet om schoon schip te maken en een verrassend andere koers te varen.

Bedrijven staan bol van het immateriële kapitaal, van kennis en de sociale netwerken waarin deze kan groeien. Dáár moet de aandacht naar uitgaan, in plaats van naar het creëren van materiële waarde voor een groep anonieme belanghebbenden.

For better or for worse? De paradox van een recessie

Een recessie zou een 'blessing in disguise' zijn. Nieuwe kansen dienen zich aan, het momentum voor een fundamentele verandering richting duurzaamheid is er. Eindelijk. Maar het kan ook compleet anders uitpakken. Een crisis zou het gedrag kunnen bevorderen dat we nu massaal bekritiseren en afzweren. Een aantal toekomstscenario's.

Soft of hard

Het is makkelijk om een crisis aan te grijpen als argument dat we af moeten van de mensen die met hun foute, hebzuchtige mentaliteit de laatste recessie hebben veroorzaakt. Omdat nu van alles in elkaar is gedonderd, is het logisch te roepen dat het nu echt helemaal anders moet. Dat we moeten overstappen op een vorm van ondernemerschap en leiderschap die veel meer op duurzaamheid gericht is, op kennisontwikkeling, een menselijke maat en emancipatie. Flexibele, veerkrachtige organisaties ingericht op samenwerking en uitwisseling van expertises en talenten. Kortom, vormen van ondernemerschap waar vóór de recessie de handen maar moeizaam voor op elkaar gingen. Volgens econome Noreena Hertz markeert de huidige tijd het einde van het zogenoemde 'Gucci-kapitalisme: een periode waarin de markt, zelfregulering, eigenbelang, hebzucht en consumentisme de boventoon voerden' (NRC Handelsblad, 1 februari 2009). Als gevolg van de recessie lijkt dit toekomstscenario het meest voor de hand liggend. Maar wellicht is het slechts ijdele hoop. Een compleet tegengesteld scenario is namelijk minstens zo aannemelijk. De impact van de crisis kan leiden tot draconische maatregelen die juist een beroep doen op het oude, verguisde regentschap. Omdat zachte heelmeesters stinkende wonden maken en te weinig doortastend zijn, zullen sturing en controle van bovenaf en allerlei genadeloze saneringsmaatregelen de overhand krijgen. Onder het mom van crisisbeheersing floreert een autocratisch en macho-achtig management. Dezelfde stijl die niet gericht is op de ontwikkeling van kennis en mensen, maar sec op het creëren van aandeelhouderswaarde. En juist daardoor ging het fout. Dit scenario is denkbaar als orderportefeuilles met dertig tot veertig procent slinken. Overigens vereist duurzaam ondernemerschap net zo goed doortastendheid en een zekere hardheid. Alleen met dat verschil dat deze eigenschappen gekoppeld zijn aan andere, wèl maatschappelijk te rechtvaardigen, waarden waar de samenleving op termijn beter van wordt.

Oud of jong

Al met al dus een bizarre paradox: de recessie als helend medicijn of als verwoestende drug. Het is nog altijd te vroeg om te weten welke van de twee scenario's eerder optreedt of dat beide wellicht naast elkaar gaan bestaan. Niet bepaald opwekkend is het feit dat de oude systemen en structuren van organisaties nog altijd overeind staan, er heel veel belangen op het spel staan en er ongegeneerd wordt teruggegrepen op de oude gevestigde orde. Tekenend is dat bij ABN AMRO niet een jonge, briljante, energieke bankier aan de top wordt benoemd, maar Gerrit Zalm, een zeer bekwame prominent uit de voorbije 'foute' periode. Jeroen Smit, auteur van het bejubelde boek *De prooi, blinde trots breekt ABN AMRO*, stelt (*Het Parool*, 3 februari 2009): 'Kracht is zwakte: te veel doorzettingsvermogen, ijdelheid, hebzucht: dat worden ondeugden en het gaat mis (...). We stijgen op en gaan geloven in onze eigen waarheid.' Overigens kunnen eigenschappen als hebzucht en ijdelheid ook ten goede worden aangewend. Zij leveren energie en daadkracht. En ijdelheid, het genieten van je eigen capaciteiten, ligt heel dicht aan tegen het geloof in eigen kunnen. Personen met een dergelijke mentaliteit doen het over het algemeen veel beter dan mensen met faalangst die de gedrevenheid missen om (zelfstandig) een bepaald doel te realiseren. En die gedrevenheid is in barre economische tijden juist onmisbaar. Ironisch genoeg zijn het dezelfde menselijke karaktertrekken die ook aan de basis van de crisis stonden.

Blijven of vertrekken

De mogelijke consequenties van de recessie voor onze opvattingen over toekomstig werk kenmerken zich ook door twee tegengestelde bewegingen. Een somber stemmend scenario treffen we aan bij de bange medewerkers. Zij hechten aan zekerheid, zullen zich gedeisd houden en veel, zo niet alles doen wat van hen gevraagd wordt teneinde die fragiele zekerheid (van een baan) niet in gevaar te brengen. De medewerkers die zich jaren achtereen loyaal toonden aan hun werkgever en altijd gehoorzaam hun taken uitvoerden, zullen zich bijzonder miskend voelen als zij toch op straat komen te staan. Zij hebben er geen moment rekening mee gehouden dat zij, als puntje bij paaltje komt, slechts als misbare fte's worden beschouwd. Angst, wrok en verbittering bij een groot aantal medewerkers zullen het resultaat van de recessie zijn. Sentimenten die averechts uitwerken op innovatie en daadkracht. De vraag is ook wat de crisis doet met de zzp'ers. In de afgelopen jaren maakte een toenemend aantal mensen zich los uit organisaties, inmiddels al zo'n 800.000. Er zijn zelfs voorspellingen dat er in 2011 twee miljoen zzp'ers zullen zijn. De recessie kan deze trend afzwakken: bange werknemers blijven immers zitten waar ze zitten. Maar het is ook denkbaar dat de crisis de ingezette groei een extra *boost* geeft. Loondienst is nu onzekerder dan ooit en medewerkers moeten genoegen nemen met minder passend werk (denk aan de KLM-piloten die, weliswaar vrijwillig, een dag per week bij de bagageafhandeling gingen werken). Dus dit kan ook hèt moment zijn dat medewerkers besluiten zich niet langer afhankelijk op te stellen. Dan is de regie zelf in handen nemen en je talenten optimaal gaan benutten een stuk aanlokkelijker. Denk je eens in: twee miljoen zzp'ers op een beroepsbevolking van zeven miljoen. Dat is echt een enorm rijke voedingsbodem voor het ontstaan van kennisnetwerken en het uitwisselen van talenten. Een prachtscenario, met dank aan de crisis.

Onder- of bovenstroom

Dat enorme aantal zzp'ers vertegenwoordigt een liberale, vrijgevochten onderstroom in de samenleving. Mensen die bewust afscheid nemen van georganiseerde banen bij gevestigde organisaties en hun eigen expertise als autonome professionals gaan aanbieden. Ondanks haar omvang is de kans groot dat zij het aflegt tegen de bovenstroom van gevestigde instellingen; de partijen, zoals financiële instellingen en autofabrikanten, die doordrenkt zijn (of in ieder geval waren) van overheidsinmenging en op allerlei manieren (financieel) gesteund worden. Bijvoorbeeld via leningen, gunstige belastingmaatregelen en exportgaranties. Dit werkt conservatisme in de hand, radicale vernieuwingen blijven uit omdat alles gericht is op redden wat er te redden valt. Vanuit een volstrekt gebrek aan ideeën over hoe het anders kan, wordt er dan vooral teruggegrepen op wat we al hadden. Het is te hopen dat in Europa een soort neo-Rijnlandsmodel invoering vindt. Er was een veel te eenzijdige focus op het creëren van snelle aandeelhouderswaarde: het Angelsaksische model was heilig. Alles ten dienste van de financiële resultaten op de korte termijn. Zo konden perverse situaties ontstaan zoals dat het ontslaan van honderd man direct leidde tot een hogere beurswaarde. Kassa! Tekenend zijn de woorden van Ruud Lubbers (NRC Handelsblad, 1 maart 2009); de voormalige minister-president zei op een conferentie over globalisering dat 'we nooit afscheid hadden mogen nemen van dat (Rijnlandse) model'. En ook: 'Dan was de crisis er nooit gekomen.' Wie zal het zeggen.

Leestip
Jeroen Smit (2010), De prooi, blinde trots breekt ABN AMRO

Onder het mom van crisisbeheersing floreert een autocratisch en macho-achtig management. Dezelfde stijl die niet gericht is op de ontwikkeling van kennis en mensen, maar sec op het creëren van aandeelhouderswaarde.

Social networks: conformeren in plaats van profileren

Social media, ofwel web 2.0, zijn zeer belangrijke, zo niet de belangrijkste, aanjagers geweest van de hernieuwde opleving van internet na het uiteenspatten van 'the bubble'. Denk aan LinkedIn, Facebook, Twitter en Hyves, maar ook aan datingsites, weblogs en de meest uiteenlopende communities gestart door organisaties en particulieren. Hoe paradoxaal ook, maar de opkomende behoefte aan 'ontvrienden' (het verwijderen van contacten uit je netwerk) is illustratief voor het succes van sociale netwerksites. Kennelijk is de kwantiteit – het aantal deelnemers aan deze netwerken – niet meer het probleem, de aandacht gaat nu uit naar de kwaliteit. Het medium wordt volwassen. (Tip: Bekijk de film 'The Social Network' over Facebook-oprichter Mark Zuckerberg).

De vraag is waar dit succes van sociale netwerken vandaan komt. Waarom sluiten mensen zich er massaal bij aan? Waarom beginnen bedrijven communities? Waarom wordt er zo driftig gechat, getwitterd en geblogd? Natuurlijk omdat het leuk is en, privé en/of zakelijk, profijtelijk. En waarschijnlijk dragen sociale netwerken de belofte in zich van een voorspoedigere en succesvollere persoonlijke ontwikkeling en carrièreverloop. Tegelijkertijd is er ook een schaduwzijde: je individueel onderscheiden wordt minder geambieerd. Immers, het draait er vooral om deel uit te maken van een groter geheel, van erbij horen. Conformeren in plaats van profileren.

Beatrix

In haar Kersttoespraak van 2009 sprak Koningin Beatrix haar zorg uit over de virtualisering van de maatschappij, over communicatie via snelle, korte boodschapjes. Ze stelde dat virtuele ontmoetingen de leegte van het bestaan (lees: het bestaan waarin een wij-gevoel ontbreekt) niet opvullen. 'Integendeel, afstanden worden juist vergroot. De moderne technische mogelijkheden lijken mensen wel dichter bij elkaar te brengen maar ze blijven op veilige afstand, schuilgaand achter hun schermen. Wij kunnen nu spreken zonder te voorschijn te komen, zonder zelf gezien te worden, anoniem,' aldus Hare Majesteit. Haar uitspraken leidden tot nogal wat commotie, waarschijnlijk vooral uit de hoek van de ingeschrevenen op netwerksites, actieve twitteraars en bloggers. Kern van de kritiek was dat de nieuwe media juist het sociale leven, zowel privé als zakelijk, verrijken. Laten we voor het gemak ervan uitgaan dat beide partijen gelijk hebben, ofwel: *social media* hebben zowel hun zon- als schaduwzijden.

Bijenkorf

Maar een schaduwzijde die nog niet ter sprake is gebracht, ook niet door Beatrix, is het bijenkorfeffect van de sociale netwerksites. De huidige ontwikkelingen laten zien dat een groeiend aantal mensen steeds meer sociale verbindingen met elkaar wil aangaan en deel wil uitmaken van een bepaalde gemeenschap. Op zichzelf is dat allesbehalve vreemd, de mens is nu eenmaal een uiterst sociaal wezen. Maar deze enorme behoefte aan sociale verbindingen zou weleens belangrijker kunnen worden dan de noodzaak om jezelf goed te leren kennen en je eigen talenten te gebruiken. Tegenwoordig is het credo 'Ik ben wie ik ken'. En dus nìet: 'Ik ben wat ik kan, wat ik wil, wat ik... enz.' Voor velen is deelname aan een bepaald netwerk, het aantal en de aard van hun contacten (vrienden, relaties, enz.), bepalend voor hun identiteit. Daarmee maken ze zichzelf – hun eigen persoon – in feite ondergeschikt aan het collectief. Net als in een bijenkorf wil, op één persoon na, niemand meer de koningin zijn. Niemand profileert zich meer via zichzelf, maar via de talenten, functies en prestaties (lees: profielen) van anderen. Indirect moeten die 'anderen' natuurlijk wel een positieve bijdrage leveren aan het beeld dat de buitenwereld van jou krijgt. Maar niemand hoeft zich meer zo nodig zelf te onderscheiden, in plaats daarvan kiezen we voor de veiligste oplossing, namelijk die van erbij horen. Dit conformeren aan het collectief leidt tot het achterstellen van de eigen ambities, passies en talenten. Dat is schadelijk, of in ieder geval niet bevorderlijk, voor een rijke persoonlijke ontwikkeling.

Erbij horen

Ook is er het risico dat anderen misbruik maken van deze massale behoefte aan 'erbij willen horen'. Vergelijk het met studentenverenigingen, in het bijzonder die met een grondige, veeleisende ontgroeningsperiode. Houdt iemand zich niet aan de geschreven en ongeschreven regels en opvattingen, dan wordt hij/zij 'ontvriend' of komt überhaupt niet door de ballotage. Een verenigingsbestuur, maar ook politiek leiders en managers van organisaties, kunnen misbruik maken van die behoefte aan conformeren. Misbruik is verleidelijk, omdat bij uitstek in sociale netwerken veel persoonlijke informatie, al dan niet via een *membership*, openbaar is. Persoonlijke details, interesses, activiteiten, enzovoort, waarvan managers kunnen zeggen dat ze niet 'horen' of 'passen', bijvoorbeeld bij een bepaalde bedrijfscultuur of missie, zijn onderwerp van censuur. Dan kan de leiding besluiten om in te grijpen in iemands persoonlijke leefomgeving. Je kunt een persoon erop aanspreken om zo, met zachte dwang, aan te zetten tot een mentaliteits- en/of gedragsverandering. Dissidente geluiden worden zo geëlimineerd. Bestuurders kunnen ook een netwerk mobiliseren om hun visie te helpen ondersteunen. Slim, want dan lijkt de visie afkomstig van het collectief in plaats van ontsproten aan het brein van de leider. Kortom, het individu dat zich schikt naar het netwerk en het collectief, maakt zichzelf kwetsbaar voor misbruik.

Natuurlijk mogen overheden bepaalde dingen van hun burgers eisen, en werkgevers van hun werknemers. Immers, er zijn nu eenmaal wetten die burgers moeten naleven en arbeidscontracten die zich kenmerken door een gezagsverhouding. De vraag is alleen hoe ver die invloed mag gaan. Op welke domeinen (van de persoonlijke leefomgeving) mag een leider invloed uitoefenen, waar mag en kan hij zich mee bemoeien? Met de veiligheid van zijn medewerkers? Met hun politieke en maatschappelijke opvattingen? Waar gaat goedbedoelde zorg voor burgers en werknemers over in manipulatie? Tegelijk met de groeiende behoefte aan 'erbij horen' daalt de werknemers- en burgeremancipatie en stijgt het risico op manipulatief gedrag. Leiders kunnen inspelen op de angst van het individu om buiten de groep te vallen.

Machtswisseling

Naarmate sociale netwerken groeien, nemen individuele visies af. Daar kunnen leiders misbruik van maken. Een plausibel scenario. Maar dat geldt ook voor het omgekeerde: juist sociale netwerken zouden wel eens veel minder gevoelig voor leiderschap kunnen zijn. Ofwel: deze netwerken hebben geen leiders meer nodig, ze accepteren ze gewoon niet. Het netwerk zelf is leidend. Neem de grootschalige vaccinatie tegen de Mexicaanse griep. In 2009 wilde de Nederlandse overheid de bevolking van de noodzaak ervan overtuigen. Tegelijkertijd ontstonden er op internet allerlei tegengeluiden, bijvoorbeeld dat de vaccinatie onnodig zou zijn of zelfs gevaarlijk voor de volksgezondheid. De *social media* stelden individuele burgers in staat om samen met andere burgers, maar ook alleen, een machtig tegengeluid te laten horen. Een tegengeluid dat de 'traditionele autoriteiten' soms zelfs kon *overrulen*. Enerzijds mooi, want dit is misschien wel de meest ultieme vorm van democratie: de macht aan de burger. Anderzijds stelde het individuen in staat misbruik te maken van de enorme communicatiekracht van de *social media*. Zo kunnen ongegronde boodschappen verkondigd worden als onwrikbare waarheden. Een methode waarvan ook kwaadwillende leiders zich kunnen bedienen.

N.B.: 'Ontvrienden' is door woordenboekuitgever Van Dale verkozen tot 'woord van het jaar 2009'. Opvallend omdat het woord al in de zeventiende eeuw bestond. Dat ontdekte publicist Ed Schilders in citaten uit 1626 en 1658. In die periode betekende 'ontvrienden' 'van vrienden beroven' of 'tot vijand maken'. Belangrijk verschil tussen toen en nu is ook dat je tegenwoordig zelf degene bent die mensen ontvriendt, vroeger wèrd je ontvriend (NRC *Handelsblad*, 12 januari 2010).

Naarmate sociale netwerken groeien, nemen individuele visies af. Daar kunnen leiders misbruik van maken. Een plausibel scenario. Maar dat geldt ook voor het omgekeerde: juist sociale netwerken zouden weleens veel minder gevoelig voor leiderschap kunnen zijn.

Literatuurtips

Paul H. Ray, & Sherry Ruth Anderson (2000), *The Cultural Creatives: How 50 Million People Are Changing the World*. New York: Harmony Books. ISBN 0-609-60467-8

Jeremy Rifkin (2004), *The European Dream: How Europe's Vision on the Future Is Quietly Eclipsing the American Dream*. New York: Penguin Books. ISBN 0-7456-3463-X / ISBN 0-7456-3464-8 pb

Ricardo Semler (1993), *Maverick! The Success Story Behind the World's Most Unusual Workplace*. New York: Warner Books Inc. ISBN: 0-446-67055-3

Ricardo Semler (2004), *The Seven-Day Weekend. Changing the Way Work Works*. New York: Penguin Books. ISBN: 1-59184-0260

Jeroen Smit (2010), *De prooi, blinde trots breekt ABN Amro*. Amsterdam: Prometheus. ISBN: 9789044616422

Eckart Wintzen (2007), *Eckart's notes*. Rotterdam: Lemniscaat. ISBN: 9789056379674

Over de auteurs

Joseph Kessels

Joseph Kessels is als hoogleraar Human Resource Development verbonden aan de Universiteit Twente. In de periode 1995-2000 werkte hij aan een vergelijkbare leeropdracht aan de Universiteit Leiden. Een aantal jaren vervulde hij de functie van Dean van TSM Business School. In 1993 promoveerde hij cum laude op een onderzoek naar het ontwerpen van succesvolle opleidingsprogramma's. Samen met Cora Smit stichtte hij in 1977 Kessels & Smit, The Learning Company, dat in de afgelopen dertig jaar uitgroeide tot een internationaal advies- en onderzoeksbureau op het gebied van opleiden, leren en ontwikkelen van mensen. Tot en met 2010 is hij aan dit professionele netwerk verbonden gebleven. Zijn belangstelling gaat voornamelijk uit naar het onderzoek en ontwerp van leeromgevingen ten behoeve van kennisproductiviteit, innovatie en de ontwikkeling van sociaal kapitaal. Hij verzorgde tal van wetenschappelijke en praktijkgerichte publicaties op deze terreinen. De Nederlandse Vereniging van HRD-professionals (NVO2) verleende hem de eerste Opleidingsonderscheiding. Van de Twentse studenten kreeg hij in 2000 de Universitaire Onderwijsprijs.

Rob van Bodegom

Rob van Bodegom koos in 2002 voor het bestaan van zelfstandig ondernemer. Na zijn afstuderen in 1996 als socioloog aan de Universiteit van Amsterdam werkte hij bijna zes jaar bij het Centrum voor Marketing Analyses (in 2003 overgenomen door het internationale onderzoeksbureau Millward Brown). Na een tussenstop als copywriter bij reclamebureau HVR-Bridge zette hij in 2002 zijn onderzoekswerk voort als freelancer. Hij voert onderzoek uit voor een breed scala aan opdrachtgevers en sectoren, waaronder financiële dienstverleners, telecom, reclame, luchtvaart, retail en FMCG. Zijn belangrijkste onderzoeksgebieden zijn het testen en ontwikkelen van product- en serviceconcepten, imago en positionering, communicatie en reclame, klanttevredenheid en -loyaliteit. Zijn onderzoeksactiviteiten combineert hij met het schrijven van artikelen op het gebied van marketing, communicatie, onderzoek en innovatie. De sterke toename van het aantal zzp'ers was voor hem aanleiding om eind 2008 met twee partners deWerkkamer.com op te zetten: flexibele werk- en vergaderplekken voor onder andere freelancers en telewerkers.

GPSR Compliance
The European Union's (EU) General Product Safety Regulation (GPSR) is a set
of rules that requires consumer products to be safe and our obligations to
ensure this.

If you have any concerns about our products, you can contact us on

ProductSafety@springernature.com

In case Publisher is established outside the EU, the EU authorized
representative is:

Springer Nature Customer Service Center GmbH
Europaplatz 3
69115 Heidelberg, Germany

www.ingramcontent.com/pod-product-compliance
Ingram Content Group UK Ltd.
Pitfield, Milton Keynes, MK11 3LW, UK
UKHW022213230426